LES

BIENFAITS DE LA NATURE

9ᵉ SÉRIE.

POITIERS — TYPOGRAPHIE OUDIN ET Cie.

LES
BIENFAITS DE LA NATURE

LA TERRE — L'AIR — L'EAU — LE FEU — LE ROC
LE FER — L'OR — LE BOIS
LE PRINTEMPS — L'ÉTÉ — L'AUTOMNE — L'HIVER
LE BRIN D'HERBE — LA FLEUR — LE FRUIT
LE BLÉ — LA PAILLE — LA LAINE
LE COTON — LA SOIE

Par Mme Aimée ISCH

SOCIÉTÉ FRANÇAISE D'IMPRIMERIE ET DE LIBRAIRIE

LIBRAIRIE LECÈNE

PARIS

15, RUE DE CLUNY, 15.

LA TERRE

LA TERRE

Comment parler de la terre qui nous porte ? Son nom, évoquant à la fois l'image des vastes océans, des continents immenses, des îles innombrables, des cours d'eau paisibles ou impétueux, son nom est grand.

Elle roule dans les espaces infinis, accomplissant fidèlement son double mouvement autour du soleil qui lui donne la lumière et la chaleur.

Ce sont ses plaines fécondes qui fournissent les grains servant à la nourriture de l'homme.

Sur ses coteaux ensoleillés on récolte les grappes qui se changent en vins généreux.

De tous côtés, partout, elle nous prodigue les fruits destinés à réjouir notre palais, à augmenter la variété de nos mets.

Des neiges accumulées sur ses sommets, elle fait, à travers le domaine de ses mystérieuses entrailles, des fleuves pour les grandes cités, des ruisseaux pour les campagnes.

Elle se couvre de fleurs pour la joie de nos yeux.

Dans son sein sont nourries les racines de ces

LA TERRE

~~~~~~ ~~~~~~

Séjour sacré de l'homme, ô Terre, globe antique
     Roule dans l'univers !
Roule jeune toujours, et toujours magnifique,
     Sous tes aspects divers.

Porte les continents, porte la mer rebelle
     Dans tes robustes flancs ;
Le soleil est ton phare, et tu marches, fidèle
     A tes deux mouvements.

Donne à tous les produits de tes plaines fécondes,
     Le vin de tes coteaux ;
Couvre d'arbres, de fleurs le sol de tes deux mondes,
     Fournis l'onde aux ruisseaux.

Tu nourris la brebis, le goujon, l'hirondelle,
     Le lion du désert,
Le serpent qui se roule et le moucheron frêle,
     Le cheval qui nous sert.

Ton sein contient le fer pour l'arme ou la machine,
     Et la pépite d'or ;

futaies, de ces taillis, ombrages pour nos fronts, bois pour nos chantiers et nos feux, cités aériennes pour les nids.

Dans l'herbe de ses prairies s'engraissent la vache et la brebis; le goujon infime et l'énorme baleine s'ébattent au fond de ses eaux; l'alouette chante au-dessus de ses sillons; à travers ses déserts de sable court le chameau sobre et rapide; le boa monstrueux rampe dans les hautes herbes de ses savanes; la mouche et le papillon voltigent au milieu de ses parterres, et le cheval attelé au chariot ou rangé sur le champ de bataille y est le fidèle serviteur de l'homme.

La terre recèle le fer qui nous est serviable et l'or qui nous éblouit.

Elle a pour charpente la pierre que nous employons à la construction de nos murailles.

La houille s'étend dans les profondeurs de ses cavités, et parfois le feu d'un volcan qui bouillonne sous la montagne en fait jaillir la source chaude.

La terre absorbe toute matière. Elle donne incessamment à toutes choses jeunesse et beauté en échange de la décrépitude et de la corruption.

On en tire le roc, fragment de ton échine,
La houille grasse y dort.

Sous ton puissant effort transformant la matière,
La graine devient fleur.
Tirer vie et beauté des sucs de la poussière,
Terre, c'est ton labeur !

1*

...Bondissant d'espace en espace,
Rien n'arrête ta course...

L'AIR

L'AIR

~~~~~~

L'air est ce fluide élastique, impalpable, inco-
lore quand il est en petite quantité, bleuâtre d'aspect
lorsqu'il est en masse considérable, qui enveloppe
la terre. C'est un corps pesant qui ne se laisse ni
liquéfier, ni solidifier.

L'air est nécessaire au développement et au
maintien de la vie chez tous les êtres organisés,
tant animaux que végétaux.

Le grand air ! L'air pur ! Que d'épanouissement
physique ces mots présentent à la pensée ! La santé
de l'homme des champs est en effet généralement
mieux assise que celle de l'habitant des villes ;
les grands arbres de nos bois ont de l'air en abondance, et les fleurs partout répandues en font leur
nourriture.

Modérément chauffé par les rayons du soleil,
l'air nous est doux et salutaire. Embrasé dans les
zones qui reçoivent verticalement la chaleur solaire,
il y devient accablant. Et quand, par l'absence ou
l'éloignement des rayons solaires, il arrive à un
degré considérable de refroidissement, nous devons,
pour éviter ses irritantes morsures, nous préserver

L'AIR

~~~~~~~~

Fluide transparent, impalpable manteau
    Dont ne peut se passer la terre,
Pénètre en tous les lieux, porte l'agile oiseau,
    Nourris, transforme, régénère.

Par toi l'homme respire et s'entr'ouvre la fleur,
    Et c'est sous ton haleine pure
Qu'on voit incessamment la grâce et la vigueur
    Se produire dans la nature.

Tu t'imprègnes d'azur sous le rayon vermeil ;
    Tu te fais zéphyr, brise folle ;
Ton souffle, flamme ardente au pays du soleil,
    Nous glace en descendant du pôle.

Quand, refoulé, pressé, tu deviens l'ouragan
    Bondissant d'espace en espace,
Rien n'arrête ta course, et ton sauvage élan
    Ne laisse que débris pour trace.

Reviens, aimable brise au courant leste et frais !
    L'humble voile attend sur la rive,

de son contact et lui opposer même la chaleur du feu.

L'air est une force qu'on utilise. Il pousse la voile du navire, fait tourner les ailes du moulin. Mais lorsque, refoulé, il se précipite en masse vers un point quelconque, il devient une force malfaisante : c'est le vent, c'est l'ouragan. L'ouragan qui soulève les sables, qui déracine les arbres, qui fait tomber les murs ; l'ouragan que les marins appellent tempête et qui déchaîne les flots contre leur frêle abri.

A l'état de brise, l'air chante dans les harpes éoliennes, fait frissonner le feuillage et onduler les épis.

La poudre chassant le projectile de l'arme, l'archet glissant sur la corde tendue, la vibration donnée à la cloche par le battant qui la frappe impriment à l'air un mouvement qui produit le son.

Chez l'homme et chez les animaux supérieurs, l'air, quittant les poumons, donne, en traversant le larynx, l'ensemble des sons qui constituent la voix.

S'il est le véhicule de miasmes malfaisants, l'air recueille aussi pour notre poitrine les molécules fortifiantes des plantes balsamiques et des sels marins. S'il s'empare des émanations fétides, il apporte aussi à notre odorat le parfum des prés et des parterres.

Le moulin de là-haut prépare ses agrès
 Et la harpe sa voix plaintive.

Dans tes plaines sans fin où se produit le son,
 Montent, descendent toutes gammes :
Murmure, éclat de foudre, hymne, plainte, chanson...
 Voix des choses et voix des âmes.

Reste pur de tout miasme aux êtres animés,
 Air qui vivifie ou dévore !
Que, par toi recueilli, monte à nos sens charmés
 Le parfum exquis de la flore !

Lac tranquille ou fontaine, halte du voyageur,
J'offre à sa longue soif mon onde et ma fraîcheur.

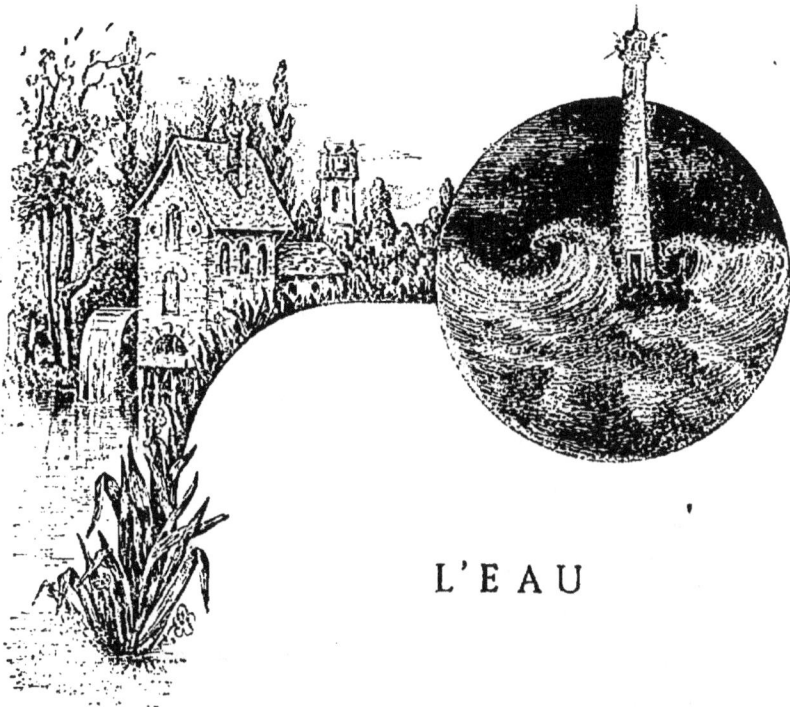

L'EAU

L'EAU

Considérée au point de vue de l'espace qu'elle occupe, du volume qu'elle représente, de la force qu'elle suppose, l'eau paraît au-dessus de toute possibilité d'asservissement; et cependant elle figure parmi les conquêtes humaines, sinon comme esclave, au moins comme auxiliaire.

C'est en vain que l'Océan sépare les continents : le marin audacieux, posant sur son flot quelques planches ajustées qu'il fait pousser par le vent ou par la vapeur, l'oblige à lui servir de route.

Les fleuves, les rivières, prêtant docilement leur cours au transport des hommes et des choses, sont devenus des chemins de communication entre les cités.

Voyez-vous tourner la grande roue qui donne le mouvement aux machines de l'usine où l'on tisse, où l'on imprime, où l'on tranche ? Entendez-vous le tic-tac du moulin qui se hâte d'écraser le grain nourrissant ou de réduire en huile parfumée les fruits de l'olivier? C'est à l'eau que l'industrie a demandé de produire cette impulsion.

Ondes claires des fontaines, désaltérez le voya-

L'EAU

Mon domaine est partout... A moi l'immensité !
J'ai la masse, la force et la mobilité :
Sans moi, tout ce qui vit dépérit et s'efface.

Quand, sous le nom de mer, je m'étends dans l'es-
De vaisseaux sillonné, mon flot majestueux [pace,
Relie à tous les points les continents entre eux.

Fleuve, je vais porter vers les cités actives
Voyageurs et produits attendant sur mes rives.
Je féconde, j'anime et j'épure à la fois.

Je prête à l'industrie, insatiable d'exploits, [usine
Ma nappe ou mon courant : sur mes bords mainte
Au tic-tac du moulin mêle un bruit de machine.

Lac tranquille ou fontaine, halte du voyageur,
J'offre à sa longue soif mon onde et ma fraîcheur.
Le cerf et le ramier se plaisent à mon ombre.

Eau thermale naissant de la montagne sombre,
J'apporte mes vertus conquises dans ses flancs.
Malades, accourez à mes flots bienfaisants !

geur fatigué ! Lacs tranquilles des solitudes, abreu-
vez à la fois le cerf et le ramier !

Sources aux propriétés médicinales, jaillissez
du flanc de la montagne ! Le malade vous attend :
il est venu de bien loin vous demander sa guérison.

Et vous, nuages formés des vapeurs de la terre,
tombez en pluie bienfaisante ! Rendez au sol sa
fécondité, aux buissons leur fraîcheur.

L'eau est indispensable à la vie végétale : c'est
elle qui conduit dans toutes les parties de la plante
les sucs destinés à la nourrir.

Et la vie animale doit à l'eau, en même temps
qu'une large part de son alimentation, des moyens
d'épuration et d'assainissement qui la fortifient et
la conservent.

Il fait chaud : le soleil a pénétré l'ombrage ;
Il a séché le champ, jauni le pâturage ;
Mais voici la nuée, ô laboureur, il pleut !

Que partout où croit l'herbe, où l'animal se meut,
Coule en limpides flots une source abondante !
C'est la vie à la fois de l'être et de la plante.

Place, voici le feu ! Fuyez petits et grands !
Sa fureur ne connait ni faibles ni vaillants.

LE FEU

LE FEU

~~~~~~~~~

Le feu, c'est la lumière et la chaleur dégagées
par la combinaison des corps avec l'oxygène de
l'air. Il peut se produire par le frottement et le
choc.

Le feu est dans la nue, le feu est sur la terre.
Il dort dans les molécules de la pierre.

Mais qu'il descende du nuage, qu'il sorte du
cratère, qu'il soit gaz enflammé ou tison incandescent, le feu est toujours cette puissance redoutable,
semant dans ses colères l'effroi et la dévastation.

Et pourtant le feu est un don superbe de Dieu !

N'est-ce pas le feu qui défend êtres et choses
contre les rigueurs du froid ?

N'est-ce pas par son action que nos tables se
couvrent de mets exquis et bienfaisants ?

C'est par lui que l'eau monte en vapeur ;

Que les métaux se fondent, s'amalgament, se
transforment ;

Que le sable, devenu pâte, se change en prisme,
en coupe.

Le feu est l'aide complaisant de ceux qui demandent des secrets à la science.

LE FEU

Place, voici le feu ! Fuyez, petits et grands !
Sa fureur ne connaît ni faibles, ni vaillants :
Qu'il monte de la terre ou tombe de la nue,
    Il ravage, il dévore, il tue.

Captif sous la montagne, il l'ouvre avec fracas ;
Libre, il rampe, il bondit, jette au loin ses éclats,
S'irrite de l'obstacle élevé sur sa voie,
    En fait sa victime ou sa proie.

Et dans le feu pourtant nous avons un ami.
Le feu pare les coups de l'hiver ennemi,
Se loge dans le four, rit sous la crémaillère,
    Fait ouvrir la fleur dans la serre.

C'est au contact du feu que l'eau monte en vapeur,
Que le métal se fond, prend forme, aspect, lueur ;
Le sable, liquéfié par sa brûlante haleine,
    Devient cristal ou porcelaine.

Il réchauffe, il transforme, il réjouit les sens ;
Il fait tonner la poudre et s'élever l'encens ;

C'est le feu qui, faisant éclater la poudre, fend la roche, afin qu'on puisse la diviser en fragments pour la construction de nos palais, de nos maisons, pour l'entretien de nos rues et de nos routes.

C'est par lui que le projectile est chassé de l'arme.

Par lui que l'encens s'élève devant l'autel en signe d'adoration.

Nous invitons le feu à nos fêtes : il y scintille en reflets multicolores, y étincelle en pluie d'or, y éclate en fusées joyeuses.

Utile partout, mais menaçant pour tous, le feu ne veut pas qu'on l'approche. Qu'il se couvre de cendres ou se fasse brillant et animé, son contact se traduit toujours par une cruelle morsure.

Dans l'âtre, dans l'usine, en étincelle, en gerbe,
   Il est partout un don superbe.

Mais, que sont ces jets d'or, ces serpents lumineux
Eclatant dans la nuit avec un bruit joyeux ?
Que sont ces diamants que la fusée émiette ?
   Le feu sous son habit de fête.

Hélas! même conquis, aimable, bienfaisant,
Le feu reste cruel et toujours menaçant.
Sous la cendre aussi bien qu'au brasier qui se
   Si vous l'approchez, il vous blesse.   [dresse,

———

Ses replis logent l'aigle et le lion rugissant,
A sa base le fleuve en humble source pleure !

LE ROC

LE ROC

Partie résistante de notre globe, le roc est
comme l'ossature qui retient en un tout continents,
îles, abîmes du fond des mers.

Il s'élève, la plupart du temps recouvert de terre,
en montagnes aux prolongements considérables.
Des sommets neigeux, des pics aigus émergent de
ces montagnes. L'aigle et le lion y font leur
demeure. A la base murmure la source paisible.
Souvent un volcan bouillonne au sein de la montagne.

Le roc, hautement et solidement posté au bord
des océans, sur les côtes de certaines contrées,
semble chargé de rappeler aux flots l'ordre divin :
« Tu n'iras pas plus loin. »

Et ce sont ces masses, ces roches majestueuses
qui, réduites en parcelles, vont meubler nos routes
et paver nos rues.

Et de ces cailloux jaillira l'étincelle. Et il s'en
trouvera qui seront si brillants, d'une eau si pure,
qu'ils deviendront des joyaux de haut prix.

Nos ancêtres confectionnaient avec la pierre des

LE ROC

Masse dormant sous terre ou mont proche des cieux,
Le roc, de notre globe est la lourde ossature ;
Humble sous notre pied ou pic audacieux,
    Il soutient, il résiste, il dure.

Ses replis logent l'aigle et le lion rugissant ;
A sa base le fleuve en humble source pleure ;
Il s'entr'ouvre aux efforts du volcan frémissant,
    Mais commande au flot qui l'effleure.

A l'état de caillou, martyr en tous lieux,
On connaît de son sort les affreuses misères :
Brisé, broyé, foulé... C'est l'adage fameux :
    « Aussi malheureux que les pierres ! »

Utile cependant en son abaissement,
Il meuble le chemin, il produit l'étincelle ;
Et, suprême victoire ! il est le diamant,
    Fêté dans sa moindre parcelle.

Mais la gloire du roc grandit sous le ciseau :
Le voici bas-relief, rosace, croix, statue ;

outils et des armes dont nous conservons soigneu-
sement les vestiges dans nos musées.

Nous, nous demandons à la pierre le piédestal
de nos statues, les murs de nos palais et de nos
maisons.

Nous construisons avec la pierre les digues qui
commandent aux ondes, les murailles qui les
enserrent, les ponts qui les franchissent.

Les grains nourrissants, les fruits liquoreux
sont écrasés par des meules de pierre.

A l'aide du marteau et du ciseau, la pierre, entre
les mains de l'artiste, devient un autel, une statue,
un mausolée. On la dirait brodée aux flèches et aux
ogives de nos cathédrales.

Les vagues, en déferlant, se chargent de la
façonner en galets que l'on rencontre entassés sur
les grèves.

Absolument durable de sa nature, le roc ne
cède même pas au temps qui, ne pouvant l'entamer
qu'à la longue, cache sa défaite en le couvrant
de ronces et de mousses.

Il devient mausolée, il s'élève en arceau,
    En écusson on le salue.

Pour armes, pour outils nos pères l'avaient pris ;
Nous, nous faisons des murs de ces tronçons
                    [durables ;
Nos digues, nos remparts naissent de ses débris,
    Au bronze nous l'offrons pour tables.

Fort contre les plus forts, même contre les ans,
Le roc ne connaît pas d'ennemis à sa taille :
Vaincu dans le combat, pour se venger, le temps
    Le couvre d'herbe et de broussaille.

Coupe d'un haut-fournéau.

Je n'ai qu'un seul maître : le feu !

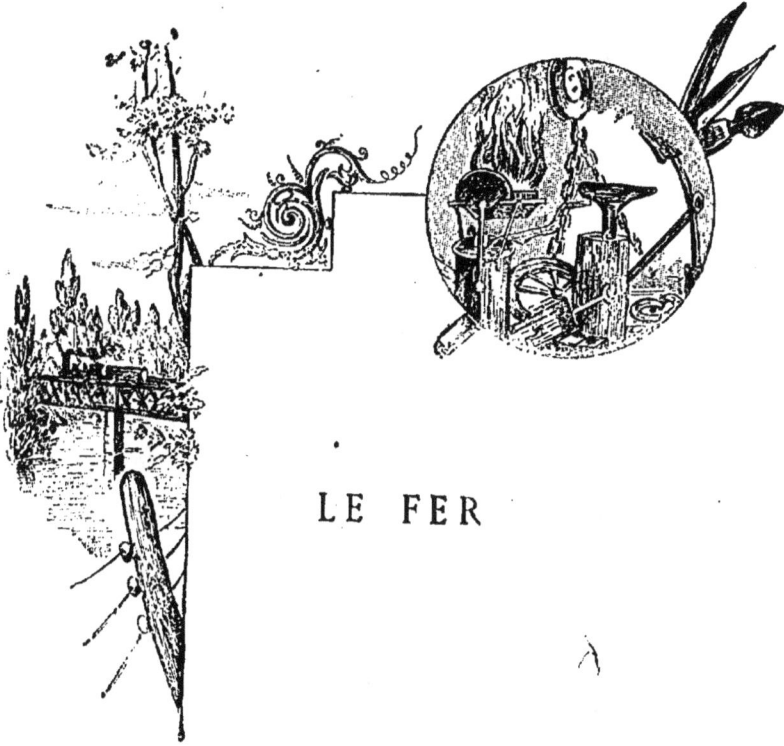

LE FER

LE FER

~~~~~~~~~

Le minerai qui donne le fer se rencontre dans la terre en masses plus ou moins considérables. On trouve rarement le fer à l'état pur (1).

Que ne peut le fer entre les mains de l'homme?

Résistant et dur, il soutient les chocs les plus violents ; il supporte les poids les plus lourds ; ductile et malléable, il prend toutes les formes, se prête à tous les usages.

A l'aide du fer, on peut labourer la terre, la creuser pour en faire jaillir de l'eau, percer la montagne qui fait obstacle, relier les bords d'un fleuve ou les deux murailles d'une vallée.

Le fer aujourd'hui s'étend en un immense réseau de lignes sur lesquelles courent des machines dont il est la matière.

C'est par lui que la nouvelle va instantanément d'un point à un autre.

Il est la tige aimantée qui se dresse au sommet de l'édifice.

(1) Pour débarrasser le fer des matières étrangères, on lave le minerai à grand courant d'eau, on le fond, puis on le soumet à l'action de marteaux d'un poids énorme.

LE FER

Je nais le plus souvent de la terre qu'on fouille.
   Plus grand que l'or, fatal enjeu,
   Je n'ai qu'un ennemi : la rouille.
   Je n'ai qu'un seul maître : le feu !

Sous la puissante main qui régit la matière,
Soc, je creuse la terre et trace le sillon.
Je suis lame, marteau, poinçon, engin de guerre...
   Outil de vie ou de destruction.

Sur le sol on m'aligne, et le char a des ailes ;
Pour franchir un abîme en pont je suis jeté ;
Fil dans l'air suspendu, je transmets les nouvelles ;
   Je vois l'éclair à ma pointe arrêté.

J'ai place à l'édifice, on me trouve au navire,
Au beffroi résonnant, au sabot du cheval ;
En active machine à l'usine on m'admire,
   Dans l'atelier je n'ai pas de rival.

Habile à mille emplois dans les doigts de la femme,
Par elle j'accomplis des travaux merveilleux,

On l'entend grincer dans les vastes usines.

On le trouve à l'atelier, instrument complaisant de tous les travaux.

Qu'il soit marteau, lame ou pointe, le fer exécute des prodiges.

Le fer entre dans la construction de nos maisons.

Il devient le revêtement des navires, et c'est par lui que la vapeur leur communique le mouvement.

Quelle place tient le fer dans nos arsenaux ! Quelle voix il a sur les champs de bataille !

Et voilà que ce géant va devenir aux mains des femmes un fuseau, une navette, une aiguille.

Et il se laissera morceler, tailler pour servir aux besoins du ménage, à l'amusement des enfants.

L'ancre qui retient le navire, l'enclume reténtissant sous le marteau du forgeron ont été demandées au fer.

C'est le fer qui fournira le grillage entourant la tombe ou clôturant le domaine.

Le cheval lui doit sa semelle, la porte sa clé, le cadre son clou; le chirurgien son scalpel et ses pinces, l'artiste son ciseau, l'écrivain sa plume.

Soit que de fleur et d'or elle couvre une trame,
    Soit qu'elle lisse un habit moelleux.

Je suis l'ancre arrêtant l'élan de la galère,
L'enclume sur laquelle éclate le marteau ;
Je deviens crible, broc ou jouet éphémère,
    Je suis la clé, la plume, le ciseau.

    Parfois brillant, jamais futile,
    Géant par ma solidité,
    Je suis l'agent le plus utile,
    Dans la main de l'humanité.

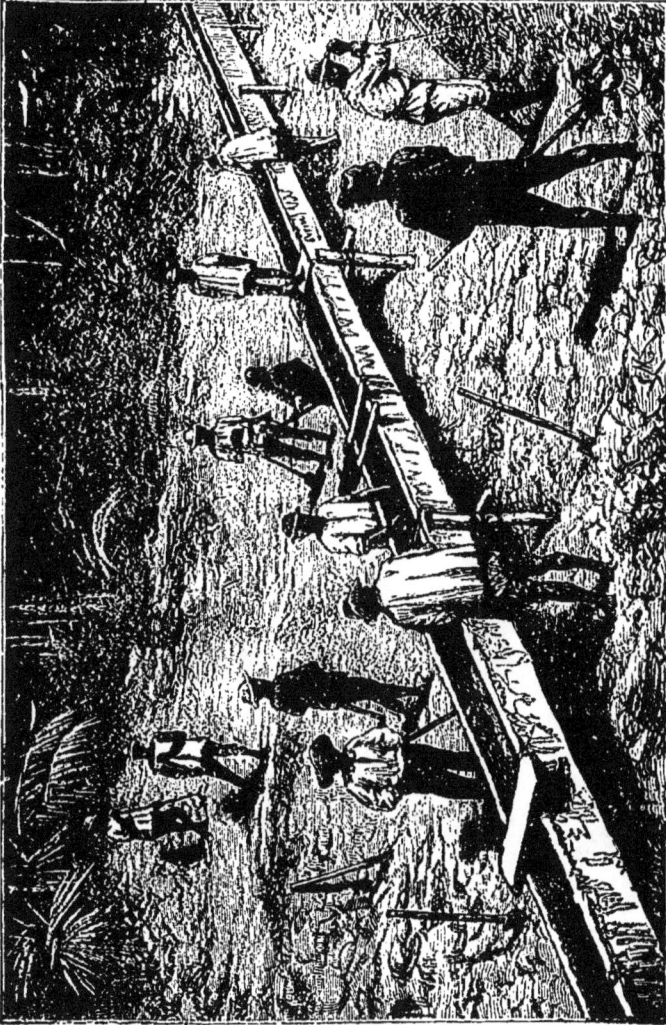

Lavage du minerai d'or.

Pour m'enlever au fleuve, au sable, au gisement
Il ne faut pas compter sa peine.

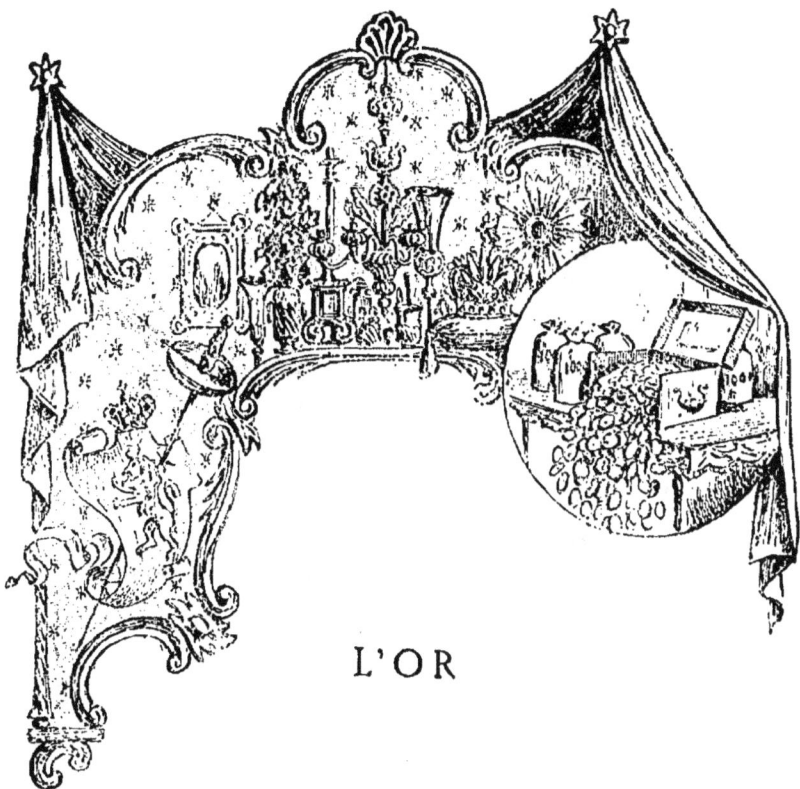

L'OR

L'OR

~~~~~

L'or est dans la terre, le plus souvent mélangé à
d'autres métaux ; on le trouve aussi en grains
arrondis disséminés dans les sables et roulant en
paillettes au lit de certains fleuves.

Adopté pour sa valeur intrinsèque comme moyen
de procurer à l'homme les aises et les indépen-
dances de la vie, l'or est l'objet d'un culte général.
Pour se procurer cet engin de jouissance, cette
source de domination factice, on ne recule devant
aucune fatigue, devant aucune servitude, on pour-
rait presque dire devant aucun danger.

Chez les peuples civilisés, l'or se convertit en
monnaie. Sous cette forme il entre dans les caisses
publiques, s'entasse dans les coffres-forts, devient
le salaire du travailleur, la raison d'être des trans-
actions commerciales et des activités industrielles.
S'il gonfle parfois sans profit le sac de l'avare, la
main de la charité sait le semer sur le chemin des
malheureux.

L'or fournit des couronnes pour toutes les gran-
deurs, des insignes pour tous les mérites.

L'OR

Accourez, je suis l'or, brillant, incomparable,
 Semant à flots faste et plaisir !
 Empressez-vous de me saisir :
Le bonheur que je donne est souvent peu durable.

Pour m'enlever au fleuve, au sable, au gisement,
 Il ne faut pas compter sa peine :
 Je me cache dans mon domaine
Comme pour échapper au culte qui m'attend.

Je sonne monnayé dans la caisse publique,
 Au fond des grands coffres je dors ;
 Je deviens le prix des efforts ;
La douce charité me prend sous sa tunique.

Je couronne le front, je me fais croix d'honneur.
 Je brille au doigt de l'épousée,
 Je suis à l'autel, au musée,
Je mets dans le festin l'éclat de ma lueur.

Je deviens talisman dans la main généreuse,
 Poison dans celle du méchant :

L'Eglise en fait ses vases sacrés. Il enchâsse les reliques et les diamants de prix.

Les bijoux d'or sont innombrables. C'est à l'or qu'on demande l'anneau double figurant l'union des époux.

Dans les musées et dans les palais, on l'admire en lourds candélabres, en coupes antiques, en amphores finement ciselées.

On le voit étinceler sur les tables somptueuses.

Il s'étale en broderies sur les habits d'apparat et frange festons et draperies dans les fêtes solennelles.

On peut, avec l'or noblement employé, se procurer des jouissances élevées, des joies délicates.

Dépensé mal à propos, l'or ne produit que déceptions, regrets et remords.

L'or, substance incomparable comme pureté, comme éclat, comme résistance, se prête admirablement au langage imagé. On dit : « Les blés d'or, les cheveux d'or ». Parler « d'or », c'est parler selon la sagesse. Etre juste, compatissant, généreux, magnanime, c'est avoir « un cœur d'or ».

Selon qu'on me fait vil ou grand,
J'apporte le remords ou je rends l'âme heureuse.

On me prend pour emblème au sens de beau, de fort;
Je suis en honneur dans l'adage :
« Parole d'or », parole sage ;
Cœur aimant, généreux, se dit partout « cœur d'or »

Cèdres majestueux, sapins, chênes antiques,
Lancez, lancez au ciel vos dômes magnifiques.

LE BOIS

LE BOIS

~~~~~~~~~~

Arbres innombrables, poussant à toutes les zones, élevant partout vos cimes majestueuses, étendant à tous les points vos branches protectrices couvertes de feuilles, souvent chargées de fruits, c'est vous qui, tombant un jour sous la hache du bûcheron, remplirez l'âtre de vos joyeux pétillements, chaufferez le four et entrerez dans nos chantiers à l'état de madriers.

Car c'est vous qui êtes le bois, bois vivant, nourri d'air, de pluie et de soleil.

Mais, une fois cette vie tranchée, après ces années de splendeur où, ornement de la terre, vous serviez d'ombrage et d'abri à ses habitants, que votre destinée est encore belle !

Du faîte à la base, votre place est partout dans les habitations des hommes. C'est vous qui fournissez les portes, les lambris, les planchers, les charpentes. On vous y trouve en meubles de toutes les formes, de tous les usages : lit somptueux, pauvre couchette, riche dressoir contenant une vaisselle plus riche encore, humble planchette

LE BOIS

~~~~~~~~~

Cèdres majestueux, sapins, chênes antiques,
Arbres de tous les noms et de tous les climats,
Lancez, lancez au ciel vos dômes magnifiques,
Et protégez la terre à l'ombre de vos bras !

Un jour, du bûcheron la hache impitoyable
Vous touchera le cœur du froid de son acier,
Et, vaincus, vous irez réjouir l'âtre aimable,
Alimenter le four, enrichir le chantier.

Mais s'il n'est plus pour vous de printemps ni d'au-
Si vous ne portez plus ni feuillage ni fleurs, [tomne,
En vain de vos saisons la dernière heure sonne :
C'est un autre destin qui s'ouvre à vos splendeurs.

Entrez chez les humains : maison, palais, chaumière
Vont nous dire à l'envi vos attributs nouveaux :
Nous vous y trouverons porte, simple barrière,
Marches, cloisons, parquets, lambris et soliveaux.

Meuble, vous y trônez utile à maint usage :
Habillé de velours, à l'état d'humble banc,

portant le pain et la cruche. C'est autour d'une table dont vous êtes la matière que viennent s'asseoir les joyeux convives. Sur une table aussi on signe des traités, des alliances, des grâces.

Dans le temple, vous devenez la stalle, la chaire, l'autel. L'artiste vous a taillé en image sainte, l'artisan vous a façonné en élégante corniche, en gracieuse moulure.

Vous êtes les roues, le corps du véhicule, l'aile du moulin à vent, la roue du moulin à eau. On vous trouve sans cesse uni au fer, soit que le laboureur prenne sa bêche ou sa faucille, soit que le tisserand installe son métier ou que le menuisier prépare son outillage.

La marine vous demande des carènes, des ponts, des mâts, tout ce que le fer ne peut lui donner. Le pêcheur vous doit sa barque, le passeur son bateau et ses rames.

N'est-ce pas vous qui, vous faisant tonneau, recevez dans vos flancs le vin vermeil, le cidre mousseux, la bière fraîche, l'huile parfumée ?

De vos rameaux délicats on tresse le berceau de l'enfant ; le vieillard s'appuie sur une de vos branches noueuses.

Vous donnez l'échelle qui élève la main, la semelle qui protège le pied. Le violon vous confie son âme ; le fusil vous emprunte sa crosse ; la flèche qui vole vient de vous.

Riche bahut sculpté, pauvre armoire sans âge,
Table, rayon, pupitre ou planchette au mur blanc.

Dans le temple on vous voit aux places honorées :
Uni par le rabot, fouillé par le ciseau,
Vous devenez moulure, images vénérées,
De front avec la pierre ou le marbre si beau.

Vous donnez le brancard, vous fournissez la roue ;
On vous trouve à la bêche, à la serpe, au râteau ;
Que l'ouvrier perfore, ou tranche, ou taille, ou cloue,
Vous êtes à la vrille, à la scie, au marteau.

Le vaisseau vous attend : vous serez sa muraille,
Ses ponts, ses bords, ses mâts, ses hunes en plein
[vent.
Que l'orage ou l'écueil vous brise ou vous entaille,
Vous serez encor là, canot, rame, chaland.

Mais voici la vendange, et la pomme est gaulée.
A nous, gai tonnelier, le jus donne au pressoir !
Demande au bois la cuve où tiendra la coulée
Et les fûts qu'on emplit du matin jusqu'au soir !

Un ange est annoncé. Venez, branches flexibles,
Formez le doux abri qui recevra l'enfant ;
Et vous, vieillard courbé sous les ans inflexibles,
Aidez d'un sûr bâton votre pas chancelant.

Vous fournissez, hélas ! la triste machine où le criminel subit son châtiment.

Notre cercueil, c'est à vous qu'il est demandé.

Et de tous côtés, au champ du repos, dans la plaine et sur la montagne, vous vous dressez en forme de croix, depuis qu'a été élevée la croix de bois du Golgotha.

Bois, le sabot qui garde et la flèche qui vole ;
Bois, l'estrade sinistre où meurt le condamné ;
Bois, la harpe, le luth d'où la note s'envole ;
Bois, notre dernier lit au tombeau destiné.

Regardez la montagne et contemplez la plaine,
Arrêtez-vous au tertre où la vie a fini :
Le bois dresse partout une croix souveraine
Rappelant l'œil aux pleurs et l'âme à l'infini !

La fleur se mêle à la feuille
Et l'abre devient bouquet.

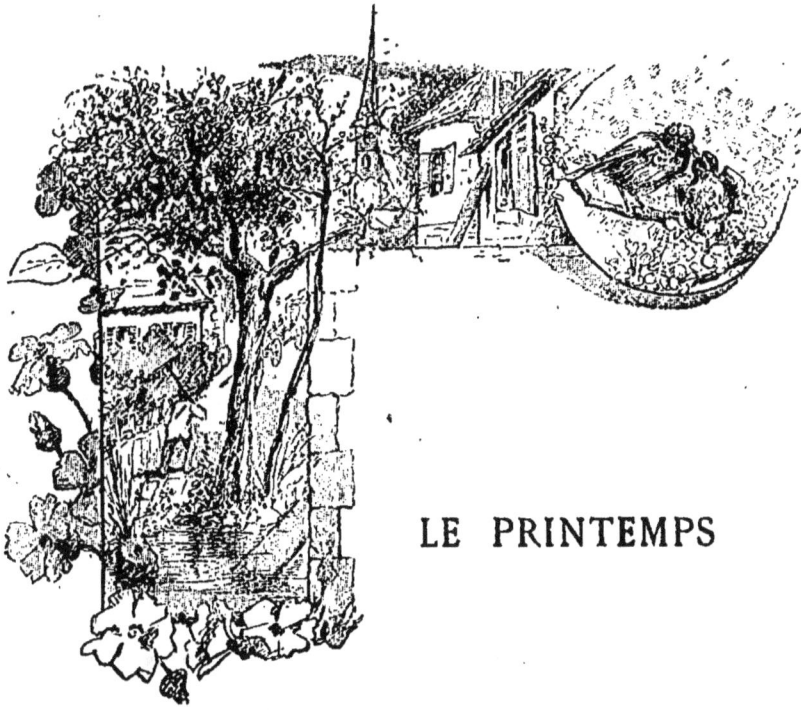

LE PRINTEMPS

LE PRINTEMPS

Au nom du printemps tout sourit, tout s'éclaire.
C'est que la terre sort de son assoupissement ;
c'est que la nature, reposée par les mois de froi-
dure et de neige, commence sa toilette.

La sève, obéissant à son impulsion, s'empresse
de gonfler les bourgeons ; l'air doux fait ouvrir les
feuilles, le soleil entr'ouvre les fleurs et les colore.

C'est la fête, la grande fête ! Tous y sont convo-
qués ; tous y ont leur place : le brin d'herbe aussi
bien que l'arbre altier, l'humble violette, la simple
pâquerette comme la rose et le lis magnifique.

Aussi tout se ranime à cet appel ; tout s'apprête
à figurer dans le spectacle qui se prépare.

Papillons, ouvrez vos ailes ! Insectes légers, appa-
raissez ! Petits oiseaux, faites vos nids : il faut des
chanteurs, il en faut beaucoup !

Ah ! quel éblouissement que ce printemps en
robe émeraude, semée de perles, d'améthystes et
de rubis !

L'agneau va quitter sa mère pour courir dans
les champs ; le poussin, sortant de l'œuf, suivra

LE PRINTEMPS

Place enfin, vision sombre,
Hiver au fatal décor !
Sur tes tristesses sans nombre,
Je viens mettre un voile d'or.

Retiens-les donc, si tu l'oses,
Ces gais enfants du soleil :
Oiseaux, insectes et roses
Dont j'ai sonné le réveil.

Aux prés déjà les fleurs naissent,
Le soir est au rossignol,
Les papillons apparaissent,
Le hanneton prend son vol.

Les bois s'habillent vert-tendre,
On voit le muguet surgir ;
Les parfums vont se répandre
Et la fraise va rougir.

Dans le verger où l'on cueille
Le fruit cher au fin gourmet,

partout la poule qui l'a couvé ; le pâtre joyeux redira sa chanson aux échos de la vallée.

L'abeille ne tardera pas à se mettre à l'œuvre pour la préparation de son miel.

Voici qu'on éteint les feux de la serre et que l'oranger revoit le grand jour.

Et la gaîté, répandue de tous côtés, sera complète au front des jeunes et des innocents.

Allons, jardinier ! Allons, laboureur ! La terre, la bonne terre ne demande qu'à produire. Vous pouvez lui confier les semences et les plants.

La fleur se mêle à la feuille
Et l'arbre devient bouquet.

L'agneau bondit dans la plaine,
Le poussin sort de prison,
L'écho reprend son haleine
Et le berger sa chanson.

De tous côtés un bruit d'ailes.
Merles, pinsons font leurs nids :
Les champs, d'orchestres modèles
Pour bien des jours sont munis.

Le jardinier à la terre
Donne semences et plants,
Et le laboureur austère
Dès l'aurore est dans ses champs.

Tout renaît, tout se ranime ;
On est heureux sans effort.
Dans cette joie unanime,
Jeunesse, riez plus fort !

Brise, souffle le frais ; bois, faites-nous de l'ombre !
Voltigez et dansez, insectes bourdonnants !

L'ÉTÉ

L'ÉTÉ

~~~~~~

Que la campagne est belle et riche! Les arbres,
dans tout l'éclat de leur feuillage vert et touffu, se
dressent brillants sous le ciel bleu. La terre, parée
des fleurs de toutes nuances, est dans ses grands
jours. Les fruits mûrs ou à mûrir se présentent à
toutes les branches. Les épis, dorés par le soleil de
juillet, se courbent sous le poids du grain qui les
gonfle et font entendre un bruissement de bon
augure quand le vent les agite.

Les matinées rayonnantes n'ont de rivales que
les soirées claires et embaumées.

Mais le jour point à peine, et voici les moissonneurs qui se répandent dans les champs. Les
gerbes vont s'étendre sur le sol, et bientôt elles
formeront ces réjouissantes meules, richesse du
laboureur, nourriture des petits et des grands.

Il est midi. L'air échauffé sous les ardeurs du
soleil devient accablant. Travailleurs, bas les fau-
cilles! C'est l'heure de la sieste.

Oiseaux, restez sous la ramée; mouches, rentrez
en vos abris; et vous, plantes, cessez pour un
instant d'envoyer vos parfums dans l'atmosphère

L'ÉTÉ

Les arbres et les champs sont en pleine parure.
Préparez les greniers pour les grains abondants.
Les roses et les fruits, on les a sans mesure,
Et les soirs lumineux et les matins brillants
    Sont à nous tant que l'été dure.

Mais mûrs sont les épis et prêts les moissonneurs.
Dans les sillons demain on sera dès l'aurore ;
Les zéphyrs du matin donneront leurs fraîcheurs,
Et les robustes fronts que le travail honore
    Souriront aux rudes labeurs.

Il est midi ; c'est l'heure où la chaleur intense
Suspend le pas de l'homme et le vol de l'oiseau ;
Tout se tait, tout s'arrête en la nature immense :
Le soleil de juillet, incandescent flambeau,
    Exige repos et silence.

Ils vivent dans les prés, les grands bœufs au pas
                        [lourd ;
Les moutons sont parqués hors de la bergerie ;
La fourmi besogneuse erre tout à l'entour,
Et le grillon caché dans l'herbe encor fleurie
    Chante la paix de son séjour.

embrasée. Encore une fois, c'est le moment du repos pour tout ce qui vit sur la terre et dans les airs.

Les génisses et les bœufs sont sommeillants aux places les plus fraîches de leur pâturage; les brebis sans toison ondulent sur les bords du ruisseau presqu'à sec, et le grillon dans sa retraite profonde attend le soir pour chanter plus fort.

Il fait bon à l'ombre des grands bois. On y trouve la brise qui rafraîchit et la mousse qui invite à s'asseoir. Fuyez vos toits brûlants, ô vous qui habitez les villes ! Venez jouir du calme des champs et respirer l'air pur qui fortifie le corps ! Accourez vers les vastes horizons dont la vue élève l'âme en lui parlant de l'infini.

Rayon charmant qui te glisses à travers branches et feuilles, va, caresse doucement le front du vieillard, pénètre jusqu'au cœur du buisson le plus épais, éclaire jusqu'à la roche gisant au fond du ravin. Tu apportes à tous et à tout clarté, vigueur et gaîté.

Brise, souffle le frais ; bois, faites-nous de l'ombre !
Voltigez et dansez, insectes bourdonnants !
Rayon, glissez riant au vallon le plus sombre,
Et que sous votre ardeur le vieillard chargé d'ans
     En oublie un instant le nombre.

Quitte, si tu le peux, tes murailles de feu
Et tes logis sans air, fier habitant des villes.
Accours au grand espace où, sous le beau ciel bleu,
Déposant les soucis de tes heures fébriles,
     Tu seras plus proche de Dieu !

Fuyez, pauvres oiseaux !... Le barbare chasseur
Au nombre de vos morts comptera ses prouesses.

L'AUTOMNE

L'AUTOMNE

Apportez les corbeilles ! Faites place aux chariots ! Il est temps d'alléger les branches alourdies
par les fruits succulents de l'automne.

Voici les poires aux fines senteurs, les pommes
à l'odeur pénétrante, le raisin plein de ce jus
liquoreux que nous aimons à savourer, les noix
qu'on ouvre avec peine, mais qu'on mange avec
tant de plaisir, les châtaignes nourrissantes...

Nos tables vont s'enrichir de ces produits divers,
et bientôt l'huile, le cidre, le vin nous seront don-
nés à flots.

Les arbres, les buissons ont perdu le vert écla-
tant de leur feuillage ; ils se sont revêtus de teintes
plus foncées où apparaît le rouge-brun, agréable
à l'œil, mais présage de mort prochaine.

Les champs ont donné leurs récoltes ; quelques
blés noirs seulement, quelques regains à peine
couvrent encore les sillons.

Le soleil s'abaisse. Les soirées sont plus longues, les matinées attendent plus longtemps la
chaleur et les clartés. Vers la fin du jour, une
légère vapeur s'élève de la vallée et retombe en
eau finement répandue, sur les rameaux et sur les
herbages. Puis, l'horizon s'enflamme ; il apparaît
tout chargé de rayons d'or étincelant ou de cuivre
rougi par un brasier : c'est le coucher de l'astre.

L'AUTOMNE

L'automne généreuse aux vergers nous appelle :
Les fruits lourds et vermeils abaissent les rameaux.
On voit la grappe mûre aux pentes des coteaux
Et sous nos yeux charmés la cueille s'amoncelle.

Il n'a plus son éclat le beau feuillage vert :
Sentant ses jours finir, il est devenu sombre.
Pourquoi vivre d'ailleurs ?... On n'a plus besoin
[d'ombre
Et le fruit disparu plus besoin de couvert.

Les champs si beaux hier ont perdu leurs richesses ;
Le sarrasin à peine y met une lueur...
Fuyez, pauvres oiseaux !... Le barbare chasseur
Au nombre de vos morts comptera ses prouesses.
Vous perdez la gaîté, joyeux chanteurs des bois !
Vous, insectes légers, vous retombez à terre !
Avec vos ailes d'or errant dans la lumière,
Les beaux jours en fuyant ont emporté les voix.

Mais le soleil s'abaisse et l'horizon s'allume :
On dirait au couchant la voûte tout en feu.
L'astre comme à regret semble nous dire adieu,
Entraîner ses rayons pour retarder la brume.

Ses derniers feux éclairent le sommet des branches en leur donnant un reflet rougeâtre; ils
envoient sur le haut des coteaux une traînée lumi-
neuse, faisant songer à une immense lampe qui
serait sur le point de s'éteindre.

Plus lentement volent les oiseaux; moins joyeux
sont leurs trilles. Ils ont l'instinct que les joies
et l'abondance de l'été vont disparaître : leurs
gazouillements du soir ont quelque chose de hâté,
d'inquiet.

Les papillons ont fait leur ponte et perdu leurs
ailes, et les mouches à miel semblent se disputer
les derniers sucs des dernières fleurs.

La cigale elle-même ne se fait plus entendre
que par intervalle.

Ecoutez le bruit de l'arme à feu : c'est le chasseur poursuivant à travers les champs dépouillés
la nombreuse famille de la perdrix ou le lièvre
attardé hors de son gîte. Le chien aboie, et
l'alouette effrayée monte dans les airs dont les
hautes régions lui sont familières.

Une vague tristesse se répand partout. L'im-
pression produite par cet adieu qu'il faut dire aux
splendeurs de l'été, par la vue de ce dépouille-
ment de la terre, de cette agonie de la nature,
image de nos instants qui disparaissent comme
les saisons et les fleurs, nous enveloppe de toute
part.

O mélancolie de l'automne, que tu as de charme
malgré tout pour les âmes sensibles ! Que tes lan-
gueurs sont d'accord avec ceux qui n'ont plus
ici-bas que des souvenirs !

La nature s'endort. Nous sommes aux longs soirs
Et tardives se font les claires matinées ;
Bientôt le froid prendra la fin de nos journées ;
Voici les longues nuits avec leurs voiles noirs.

Vous ne nous laissez plus que la mélancolie,
Fleurs et ris emportés comme le sont nos jours !
Mais que de charme encore en vos derniers retours
Pour l'âme qui, rêveuse, aux souvenirs s'oublie !

Chaumières et palais ne s'ouvrent qu'à demi.
On s'amuse au premier... dans la mansarde on pleure...

L'HIVER

L'HIVER

Rien que ce nom fait frissonner... C'est que l'hiver apporte avec lui les jours tristes et courts, les longues nuits froides. Il se présente implacable, semant de son souffle glacé la souffrance, les maladies, la désolation.

La ville a pris un aspect sombre; le passant, enveloppé d'habits épais, se hâte afin de se mettre à l'abri de la bise mordante.

La campagne est déserte. Les arbres, dépouillés, agitent lugubrement leurs branches sans feuilles; les buissons ne sont plus que de minces rameaux de bois mort. La plaine, dénudée et privée des bestiaux qui l'animaient, le vallon sans verdure au fond duquel dort peut-être un ruisseau gelé, offrent à l'œil un tableau d'une tristesse achevée.

Voici la neige qui tombe! La terre se couvre de son manteau de velours blanc, les arbres s'habillent de givre étincelant. Oh! le beau spectacle! Sous un pâle rayon de soleil, mille étincelles partent de la nappe immaculée et lui donnent l'aspect d'un tissu de diamants.

Qu'êtes-vous devenus, joyeux insectes? Où

L'HIVER

Voici le triste hiver au front dur et glacé !
Il plane sur les champs, il plane sur la ville.
Sous ses pas tout tableau riant s'est effacé,
La végétation s'est tenue immobile,
     Le chant des merles a cessé.

On ne voit plus de fleur, on ne voit plus de feuille,
La plaine à nos regards offre sa nudité ;
La nature vaincue au repos se recueille,
Et nos jours sans soleil, et nos nuits sans clarté
     Semblent des ombres qu''on effeuille.

Mais la neige sans bruit étend son blanc manteau
Sous le moindre rayon tout brillant d'étincelles.
Extasiés, conquis, devant l'hiver si beau,
Oubliant pour un jour ses morsures cruelles,
     Nous acclamons notre bourreau !

Fatale pour beaucoup pourtant est sa présence :
C'est un maître implacable armé de toutes dents :
Il frappe la vieillesse, il s'attaque à l'enfance,
Et ses coups, toujours sûrs, tombant soudains ou
     Sans pitié sèment la souffrance.   [lents,

vous cachez-vous, chardonnerets au vol léger,
merles siffleurs, vous tous, musiciens des champs?
Les émigrants sont partis, mais vous qui ne
voyagez pas? Venez, venez, pauvres petits, approchez de la demeure des hommes, puisque les bois
ne peuvent plus nourrir leurs habitants : il se
trouvera bien quelque bon cœur pour jeter sur
votre chemin les miettes ou le grain. Les fauves
eux-mêmes, poussés par la faim, ne rôdent-ils pas
près des fermes et des chaumières!

Ecoutez!... On entend gémir... C'est la voix des
vieillards sans feu, des enfants aux pieds nus ; c'est
la plainte de tous les malheureux courbés sous
les rigueurs de l'hiver. Vite, ouvrez les asiles
préparés pour eux! Couvrez de chauds vêtements
leurs membres transis! Appelez aux tables saines
et abondantes les affaiblis et les affamés !

O cœurs bienfaisants, que de vies à ménager,
que de souffrances à alléger, que de larmes à
essuyer ! Donnez, donnez, vous qui possédez les
biens de la terre ! Goûtez sans mesure à la joie que
procure la vue de ceux qu'on a soulagés.

L'hirondelle est au loin, le paysage est mort ;
On voit l'oiseau chez nous implorant une miette ;
La fourmi prévoyante est blottie en son fort,
Et le fauve, affamé, quittant son fourré, guette
      L'instant où le berger s'endort.

Le voyageur transi regagne sa demeure ;
Chaumières et palais ne s'ouvrent qu'à demi.
On s'amuse au premier... dans la mansarde on
                      [pleure...
Ecoutez !... Ecoutez !... une voix a gémi...
    O Charité ! voici ton heure !

Tu caches la violette
      et lui tiens lieu d'atours ;
Tu portes le matin
      la goutte de rosée ;

LE

BRIN D'HERBE

LE BRIN D'HERBE

~~~~~~~~~~

Pauvre petit brin d'herbe, que tu sembles peu de chose dans la grande nature ! Habitués à te rencontrer souvent, les pieds de l'homme ne se donnent pas la peine de s'éloigner de toi ; ils te foulent et t'écrasent.

Mais voici que le blé, sortant de terre, prend ta forme, ta couleur, et paraît dans le champ en longs sillons verts.

Voici qu'étendu en épais tapis le long du chemin, sur les pentes ou sous les futaies, tu permets à la fleur de pousser dans ton domaine, unissant ainsi ses nuances diaprées aux chatoiements de la tienne.

Dans la prairie, tu rassasies la vache et lui donnes un lait écumeux et nourrissant. Tu offres à l'agneau et au jeune poulain des espaces frais et sains pour leurs ébats.

Puis, lorsque juin arrive, la faux, jetant à terre tes tiges élancées, tu deviens, séché et bottelé, le foin qui garnira le râtelier.

La violette se cache à ton ombre discrète ; elle

LE BRIN D'HERBE

Pauvre petit brin d'herbe au front humilié,
Tu comptes pour bien peu dans la riche nature !
Pourtant à ses bienfaits ton sort est allié,
Et tu tiens large place en sa verte parure.

Dans le champ on te voit, précurseur des épis,
Annoncer que le grain a pu germer sous terre ;
Tu pousses sous nos pas en moelleux tapis,
T'émaillant pour nos yeux de la fleur printanière.

Tu nourris la génisse et l'agneau bondissant ;
Un jour, foin parfumé, dans la grange on t'amène,
Et quand vient de l'hiver le souffle tarissant,
Tu prends au râtelier la place souveraine.

Tu caches la violette et lui tiens lieu d'atours ;
Tu portes le matin la goutte de rosée ;
Tu t'étends sur la tombe en linceul de velours ;
Le dormeur sur ta touffe a la tête posée.

Tu peux loger l'insecte et border le cours d'eau ;
Jadis, de la fourmi tu fus le promontoire ;

y conserve sa fraîcheur, y ménage son parfum.

Tu es chaque matin porteur des gouttes de rosée que l'éclat du jour transforme en perles.

C'est toi qui, respectueux et serviable, viens couvrir d'un voile doux le tertre qu'a formé la tombe.

Au besoin, lit de repos, tu présentes tes pousses touffues au voyageur fatigué.

Un monde de petits insectes trouvent un abri dans les grottes profondes de tes mille bras.

Et comme tu fais bien, dans ta grande tenue, en bordure le long d'un ruisseau !

Vis donc partout, petit brin d'herbe ; remplis, sous ta chétive apparence, ton office d'utilité et de charme. Manteau vert de la terre et de la pierre, pousse à toutes les zones, sous l'action de la pluie et du soleil !

Il n'est fraîche vallée, il n'est site si beau
Qui n'emprunte une part à ta brillante moire.

L'ordre que tu reçus fut de croître partout :
Tu dois verdir le sol, ombrer la roche nue...
Fauché le soir, demain tu reparais debout,
Regardant le soleil, buvant l'eau de la nue.

Qu'elle soit immortelle ou rose,
La fleur convient à tout tableau.

LA FLEUR

LA FLEUR

Qu'y a-t-il de plus charmant que la fleur ?
Qu'elle émaille la prairie, qu'elle se balance sur
une tige, qu'elle s'étoile sur une branche, c'est toujours le rayonnement de la couleur, la délicatesse
du tissu, le merveilleux de la forme ; c'est toujours
la grâce dans la variété.

La fleur, c'est la jeunesse de la terre, c'est la
bonne humeur de la saison, c'est le sourire des
plantes.

La fleur est encore la messagère et la fille des
beaux jours, l'annonce et le prélude de la récolte.

Elle est le hamac de l'insecte, la mine de
l'abeille, l'idéal réservoir du parfum.

La fleur, c'est le joyau du pauvre, la voix des
affections du cœur, le langage du souvenir, le décor
de toute joie, la poésie de toute fête.

La fleur, c'est le doux voile du tombeau.

LA FLEUR

Par la main divine semée
Sur les épines du chemin,
La fleur, pâquerette ou jasmin,
Naquit belle pour être aimée.

Sa tunique de frais satin
Au rayon d'en haut se colore,
Et le sourire de l'aurore
La parfume dès le matin.

Promesse et gaîté de la terre,
La fleur pousse à l'arbre, au gazon :
Du printemps elle est le blason,
Du verger l'espérance chère.

Son calice est le réservoir
Où s'approvisionne l'abeille ;
Le petit insecte y sommeille,
Enivré des senteurs du soir.

La fleur, c'est l'aimable interprète
De nos vœux, de nos sentiments ;

C'est le joyau des pauvres gens ;
C'est le décor de toute fête.

Elle s'ouvre près du tombeau,
Sur les jeunes fronts on la pose...
Qu'elle soit immortelle ou rose,
La fleur convient à tout tableau,

LE FRUIT

LE FRUIT

La terre s'est rapprochée du soleil. Une chaleur douce a fait ouvrir la fleur ; une chaleur plus vive a permis au fruit d'apparaître ; il a grossi, il a pris couleur, il est mûr.

Voici la fraise rouge en sa collerette verte, la cerise transparente, l'abricot doré, la pêche veloutée, la prune habillée de soie, la poire onctueuse... Que de sucs rafraîchissants, que d'aromes exquis nous sont offerts sous les formes les plus diverses en même temps que les plus charmantes !

Et comme ils sont bienvenus, ces produits de nos jardins et de nos vergers, arrivant au moment où le soleil va nous envoyer ses ardeurs desséchantes !

Temps d'abondance pour les oiseaux ! Jours de joie pour les enfants ! Les uns et les autres se sentent affriandés à la vue des richesses de nos arbres fruitiers.

Vous pouvez becqueter, moineaux et pinsons ! Petits, vous pouvez tendre vos mains vers les branches chargées ! Il y en a pour tous. Les fruits

LE FRUIT

~~~~~~~~~

Un soleil bienfaisant a fécondé la terre
    Et la sève a fait son chemin..
Le fruit, sorti vainqueur de la fleur éphémère,
    Mûr, vient s'offrir à notre main.

Le fruit ! Mets gracieux, à la saveur exquise,
    Charmant la vue et le palais,
Apparaissant aux jours de la brûlante brise,
    Plein de sucs et d'aromes frais.

Venez, petits oiseaux ! Approchez-vous, enfance !
    Sur la branche ou près du buisson,
Partout le fruit brillant... C'est la pleine abondance :
    Becquetez, cueillez sans façon !

Vous n'épuiserez pas l'opulente corbeille
    Où la saison jette à plein bord,
Cerise, prune, pêche à la robe vermeille,
    Abricot tout ruisselant d'or.

Et nous verrons le fruit l'hiver sur notre table,
    Confit, gardé dans sa fraîcheur ;

aujourd'hui trop verts seront bons à cueillir demain.

L'amandier, l'olivier ont donné leur récolte : l'huile bientôt en sortira abondante.

Le raisin est cueilli ; il emplit les cuves. C'est le vin qui se prépare... le vin qui réjouit, le vin qui fortifie.

Mise au pressoir, la pomme fournira ce jus ambré qu'on nomme cidre, si apprécié dans les contrées où prospère le pommier.

De maints fruits nous ferons ces nectars fameux connus sous le nom de liqueurs.

Et, lorsque l'automne, perdant son manteau de feuilles mortes, aura cédé sa place à l'hiver, nous retrouverons le fruit confit, mis en pâte, ou même conservé dans sa fraîcheur.

Ainsi le fruit, si savoureux pendant l'été, semble encore, quand viennent les mauvais jours, nous ramener aux douceurs de la belle saison.

Nous le retrouverons en vin incomparable,
    En cidre, en exquise liqueur.

Le fruit trône au jardin, il réjouit la plaine,
    Il est la gloire du verger ;
Le bienvenu partout, il étend son domaine
    De la ronce au fier oranger.

Partout le fruit brillant... C'est la pleine abondance :
Becquetez, cueillez sans façon !

LE BLÉ

LE BLÉ

Base de l'alimentation des hommes dans les zones tempérées, le blé, qui se nomme aussi froment, est particulièrement cultivé en Europe et en Amérique.

Le champ a été fumé, labouré ; les sillons sont tracés. On sème le blé. Le grain va germer, et bientôt sortira de terre sous la forme d'une herbe drue.

Mais les jours, les mois, les saisons passent. La pluie a maintenu la fraîcheur au pied de la plante, le soleil a caressé sa tête. L'épi s'est formé, a grossi, puis s'est doré aux feux de l'été.

Rien de réjouissant et de rassurant à la fois comme la vue de la plaine couverte de blé mûr ; rien de plus gracieux que les ondulations de ses innombrables tiges sous les effets de la brise.

A l'œuvre, moissonneurs ! Juillet a sonné : il faut abattre ces épis et les rassembler en gerbes. Puis viendront les chariots rustiques qui les conduiront à l'aire ou aux granges ; ou bien on en fera des meules sur le champ même où elles ont poussé.

LES ÉTAPES D'UN GRAIN DE BLÉ

Je naquis sous un peu de terre
Où du semeur l'agile main
    Jeta le grain
    Qui fut mon père.

Sous forme d'une herbe touffue
Je sortis de cette prison,
    Et la saison
    Hâta ma crue.

Lorsqu'en épis se changea l'herbe,
A coups de faux, sous la chaleur,
    Le moissonneur
    Me mit en gerbe.

Battu, vanné, de l'aire rase
Je pris la route du moulin,
    Où mon destin
    Veut qu'on m'écrase.

Tombant sur une toile fine
Qui sépare la fleur du son,

C'est alors que les pauvres glaneurs s'empresseront de relever les épis oubliés que le maître bienfaisant n'a pas voulu voir tomber.

Et, avant peu de temps, battu, vanné, broyé, le grain donnera la farine qui sera transformée en un pain savoureux.

Cet abandon
Me fit farine.

Chez le boulanger arrivée,
Subissant maint et maint assaut,
Je fus bientôt
Pâte levée.

Mais voici l'épreuve dernière.
J'entre au four et deviens ce pain
Dont toute main
Est tributaire.

Et, nourriture souveraine,
Puissé-je sauver de la faim
Pauvre sans gain,
Oiseau sans graine.

LA PAILLE

LA PAILLE

Dorée, brillante sous les feux de juillet, la paille a l'honneur de porter les épis qui doivent devenir le pain.

Dépossédée de sa riche couronne, la paille se prête à des services nombreux et variés.

Elle est appelée à fournir le lit du pauvre, la couche du soldat en campagne.

Elle sert à la nourriture du bétail. On l'amoncelle dans l'étable, dans l'écurie où elle est étendue en litière.

C'est la paille qui donne le chaume, toit rustique de l'habitation du paysan.

C'est elle qui garde du froid la niche du chien fidèle.

Et les petits oiseaux s'empressent de lui dérober de menus brins pour la construction de leurs nids.

Le jardinier fait avec la paille des tapis qui défendent de la gelée les plantes délicates.

Ce siège luisant couleur d'or, c'est à elle que le chaisier l'a demandée.

Des mains habiles font avec la paille un tissu si fin, si souple, aux filaments si ingénieusement

LA PAILLE

Voyez-vous ce champ onduleux
Qu'au grand soleil la fleur émaille ?
Comptez-en les épis nombreux,
Supputez-en les brins de paille.

Afin qu'il se trouve dispos
Quand sonne l'heure où l'on travaille,
Puisse, pour prendre son repos,
Le pauvre avoir bon lit de paille !

Et notre frère le soldat
Qui, joyeux, jamais ne défaille ?
Après la marche ou le combat,
Qu'il ait au moins couche de paille !

Chaumière qu'on a dû bâtir
Avec l'argile et la rocaille,
Sois chaude à qui vient se blottir
Sous ton rustique toit de paille !

Bonne vache au lait savoureux,
Tu vas faire longue ripaille :

entrelacés, qu'il devient une coiffure de toutes formes, de toutes circonstances, en même temps que de tout prix.

On fait dans les pays chauds des nattes de paille qui servent de lits.

La paille, réduite en pâte, se change en papier.

Elle se transforme en fleurs, en ornements gracieux, d'une exécution facile.

Et le chalumeau du pâtre n'est pas autre chose qu'une combinaison de tuyaux de paille.

A ton râtelier plantureux
On a mis abondante paille.

Toi, coursier si brave et si fort,
Bon au labour, à la bataille,
Assez de peine, assez d'effort !
Va sur ta litière de paille !

A la niche, mon bon toutou,
Apaise ta voix qui s'éraille !
En attendant l'heure du loup,
Dors tranquillement sur ta paille.

Petits oiseaux, plus haut volez !
Voici le temps de vos fiançailles ;
Pour construire vos nids, mêlez
Les crins, les laines et les pailles.

La paille aux plants fait un manteau
Contre l'hiver qui nous tenaille ;
L'humble chaise de mon bureau
A pour siège un croisé de paille.

La paille peut être une fleur ;
Elle se natte, elle se maille ;
Elle est papier, tuyau chanteur...
Que d'emplois on donne à la paille !

Et c'est votre toison, en tous les lieux utile,
La véritable toison d'or.

LA LAINE

LA LAINE

Venez, troupeau bêlant ! L'air s'est attiédi sous le soleil de juin : venez vous livrer au tondeur !

Cette toison qui vous couvre et que nous allons vous prendre est nécessaire à notre bien-être. Quand nous l'aurons dégraissée, peignée, filée, elle nous fournira ces tissus fins ou grossiers teintés de couleurs si diverses, destinés à vêtir pauvres et riches, ces flanelles qui, mises en contact avec la peau, préserveront les faibles et les malades des refroidissements dangereux.

La laine sera foulée, pour donner à un tissu plus de solidité ou plus de corps ; elle sera feutrée pour devenir plus consistante encore et se changer en coiffure, en chaussure...

Nos matelas se rempliront de laine mêlée au crin, offrant ainsi un doux lit de repos à nos membres fatigués, et sur le dormeur s'étendra une couverture fournie aussi par la laine.

Nos demeures s'embelliront de draperies tissées et frangées de laine ; nos meubles se couvriront d'étoffes demandées à la laine.

Avec la laine spécialement préparée pour cela

LA LAINE

Juin a mis tout en fleurs ; la chaleur est venue.
Les moutons dépouillés broutent sur le coteau,
Et le soleil, tombant sur leur échine nue,
    Remplace leur épais manteau.

C'est à votre toison que nous devons la laine,
Timides ruminants au naturel si doux !
Vous nous donnez le drap et la flanelle saine,
    Notre lit souple vient de vous.

La laine est à nos pieds, elle est sur notre tête,
Elle abrite l'enfant, entoure le vieillard ;
On en revêt le meuble, en tenture on l'apprête ;
    Elle est au deuil, à l'étendard.

Elle imite la fleur et la feuille et la mousse ;
Entre d'habiles doigts elle devient tableau,
Et c'est la laine qui, couvrant le pauvre mousse,
    Le garde du vent et de l'eau.

Laissez, laissez flotter sur la ronce élevée
Quelques brins de toison, innocentes brebis !

6·

et teinte en toutes nuances, les doigts délicats des femmes jetteront sur la trame dessins et bouquets, et confectionneront des résilles pour la tête, des brodequins pour les petits pieds.

Des tapis de laine amortiront nos pas sur les parquets de nos maisons. D'autres tapis de laine, artistement travaillée, imiteront ou au moins rappelleront des peintures de maîtres.

C'est la laine sous toutes ses formes, en tous ses emplois que l'on opposera aux morsures du froid.

Et les petits oiseaux, à l'époque des nids, glaneront aux ronces du chemin où sont passées les brebis, les brins de laine qu'elles y auront laissés.

Venez donc, moutons dociles, vous placer sous les ciseaux qui nous feront possesseurs de votre toison, cent fois plus utile que la toison d'or.

———

Par l'oiseau bâtissant bientôt vue, enlevée,
    La laine garnira les nids.

Ainsi vous aurez fait, petit mouton docile,
Du bien à tous avant qu'on vous condamne à mort...
Et c'est votre toison, en tous les lieux utile,
    La véritable toison d'or.

Cardez, filez, tissez dans les immenses sales.
Partout le mouvement et le bruit des métiers :

LE COTON

LE COTON

~~~~~~~~

On a pris sur les cotonniers, couverts en même temps de boutons, de fleurs et de fruits, tout ce qu'on a pu de ce duvet qui entoure les graines.

Les bricks sont au port, chargés des balles de coton que l'Asie et l'Amérique envoient dans toutes les directions.

Qu'il est le bienvenu ce coton avec lequel on obtiendra des tissus excellents et à si bon marché !

C'est d'abord la toile blanche ou écrue, connue sous le nom de cretonne, qui remplacera avantageusement, au point de vue de la solidité et même de l'hygiène, les toiles de lin et de chanvre.

C'est cette autre toile, appelée vulgairement cotonnade, teintée de diverses nuances, souvent à mille raies ou à petits carreaux, qu'on emploie pour les vêtements destinés à ménager les autres.

Ce sont tous ces tissus d'usages divers, aussi variés de grain, d'épaisseur, que de couleurs et de dessins, lesquels se vendent aussi à des prix peu élevés.

On fait avec le coton des mousselines d'une transparence idéale, d'autres mousselines ou

LE COTON

Du flanc des bateaux sort le coton mis en balles ;
L'usine fume ; gais sont les bons ouvriers.
Cardez, filez, tissez dans les immenses salles :
Partout le mouvement et le bruit des métiers !

La toile va surgir, utile, peu coûteuse ;
Le coton donnera mille tissus divers :
L'un résistant, un autre à trame vaporeuse,
Et ceux-ci tout à jours ou de dessins couverts.

Il vêtira le simple, ornera la chambrette ;
On en fera le fil cher aux doigts diligents ;
On pourra le mailler, le mettre en cordelette
Et le brûler en mèche aux effets éclairants.

En hiver c'est le chanvre ou le lin qu'il remplace ;
Il est le bienvenu quand revient la chaleur ;
Tissé fin ou solide, et quoi que l'on en fasse,
Il se prête à tout pli, reçoit toute couleur.

L'accident s'est produit... l'ouate préservatrice
Va mettre la blessure à l'abri de tout air :

tissus ajourés, avec fleurs et dessins de toutes sortes, plats ou en relief, des dentelles délicates, des tulles légers.

Le coton est filé menu, mais assez résistant pour servir aux travaux de couture, de broderie et à la confection de ces ouvrages faits au crochet et donnant sous mille formes des garnitures pour la toilette et les meubles.

Il est tissé en mailles serrées pour produire une série de vêtements désignés sous le nom de bonneterie.

On fait avec le coton cette ouate floconneuse, si victorieuse contre le froid, si efficace dans les cas de brûlure où il faut éviter le contact de l'air, si précieuse quand il s'agit d'éviter les heurts.

Le coton, puissant auxiliaire de la laine, mais moins cher et d'un usage plus commode, a le mérite de servir au plus grand nombre en même temps que d'être utile à tous.

L'ouate, doux bouclier, contre tout heurt propice,
Empêchant la cassure, amortissant le fer.

Cotonniers précieux, croissez dans les deux mondes,
Sans cesse produisez le duvet bienfaisant !
Le pauvre surtout jouit de vos pousses fécondes ;
Gloire à vous, cotonniers, pour cet heureux présent!

———

LA SOIE

LA SOIE

Entrons dans la magnanerie. Ecoutez le ron-
ronnement produit par les mâchoires de cette
multitude de chenilles dévorant les feuilles de
mûrier.

C'est après avoir changé cinq fois de peau que
le ver à soie atteint son entier développement.
A ce moment il devient d'une grande voracité,
puis se calme, diminue un peu de grosseur et
commence à filer son cocon, où il doit subir sa
dernière métamorphose, à l'abri des influences
de l'air.

Mais votre retraite, ô pauvre chrysalide, est
construite d'une matière trop précieuse pour que
nous vous la laissions. Vous n'en sortirez que
morte. Ces fils que vous aviez disposés avec tant
de soin et de régularité pour servir de lit à ce
dernier changement qui vous faisait papillon, nous
nous en emparerons.

Ces fils, on les dévidera, on les assemblera, et,
après diverses préparations, ils deviendront des
tissus de soie, si chatoyants à l'œil, si doux au
toucher.

LA SOIE

Fais ton cocon, travaille, ô chenille fileuse !
Au sein de ses réseaux, entre, renferme-toi ;
Puis, deviens chrysalide en ta prison soyeuse,
Et meurs sans en avoir entr'ouvert la paroi !

Oui, tu devras mourir après ton œuvre faite,
La livrant sans combat aux mains de ton bourreau,
Et ne te doutant pas que, bâtir ta retraite,
C'était, sans autre arrêt, te construire un tombeau.

Chacun a son destin : toi, tu donnes la soie
Et perds en la donnant l'aile de papillon ;
L'abeille fait son miel, l'oiseau chante sa joie ;
Le bœuf, muet sous le joug, doit creuser le sillon.

Mais tu n'as pas vécu sans laisser une trace ;
Parmi tant d'éléments la soie a sa grandeur :
Tissée, elle est partout à la première place, [neur.
Sainte autour de l'autel, noble à la croix d'hon-

On la dispose en nœuds, elle est tulle, dentelle ;
On la voit triomphante au cortège mondain ;

Sans rivales et d'un prix toujours élevé, les étoffes de soie sont nombreuses et variées. On les fait mates, satinées, moirées, brochées, avec des dispositions différentes, des teintes de toutes les nuances.

Des dentelles, des blondes d'une rare finesse, des gazes, des tulles d'une extrême légèreté sont tissés avec de la soie.

Les rubans aux multiples couleurs qui ornent les chapeaux ou égaient les autres vêtements, ceux qui servent d'insignes, ceux auxquels on attache les croix, sont en soie.

C'est avec de superbes tissus de soie que l'on confectionne les ornements d'église et les costumes des officiants.

Il n'est pas de fête somptueuse, nationale ou seulement mondaine, où la soie ne soit appelée, comme bannière, oriflamme ou draperie.

Et les belles dames demandent à la soie les longs plis de leurs toilettes d'apparat.

On fait avec des fils de soie des broderies brillantes sur drap, sur velours, sur étamine ; et les pétales des fines fleurs artificielles sont taillés dans un mince tissu de soie.

On dit par allégorie : « Couler des jours d'or et de soie », pour indiquer un evie facile et agréable.

La mode chaque jour à son succès l'appelle ;
Elle devient bouquet sous une habile main.

La soie est gaie à l'œil, son contact vous caresse ;
Elle est riche parure ou séduisant décor ;
Aussi, pour figurer des heures de liesse,
On dit aimablement : « Heures de soie et d'or, »

TABLE DES MATIÈRES

Poitiers. — Imprimerie Oudin et Cⁱᵉ.